LEGO Harry Potter

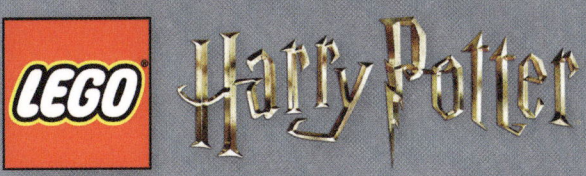

Die magische Welt der Zauberer

Text von Elizabeth Dowsett,
Julia March und Rosie Peet

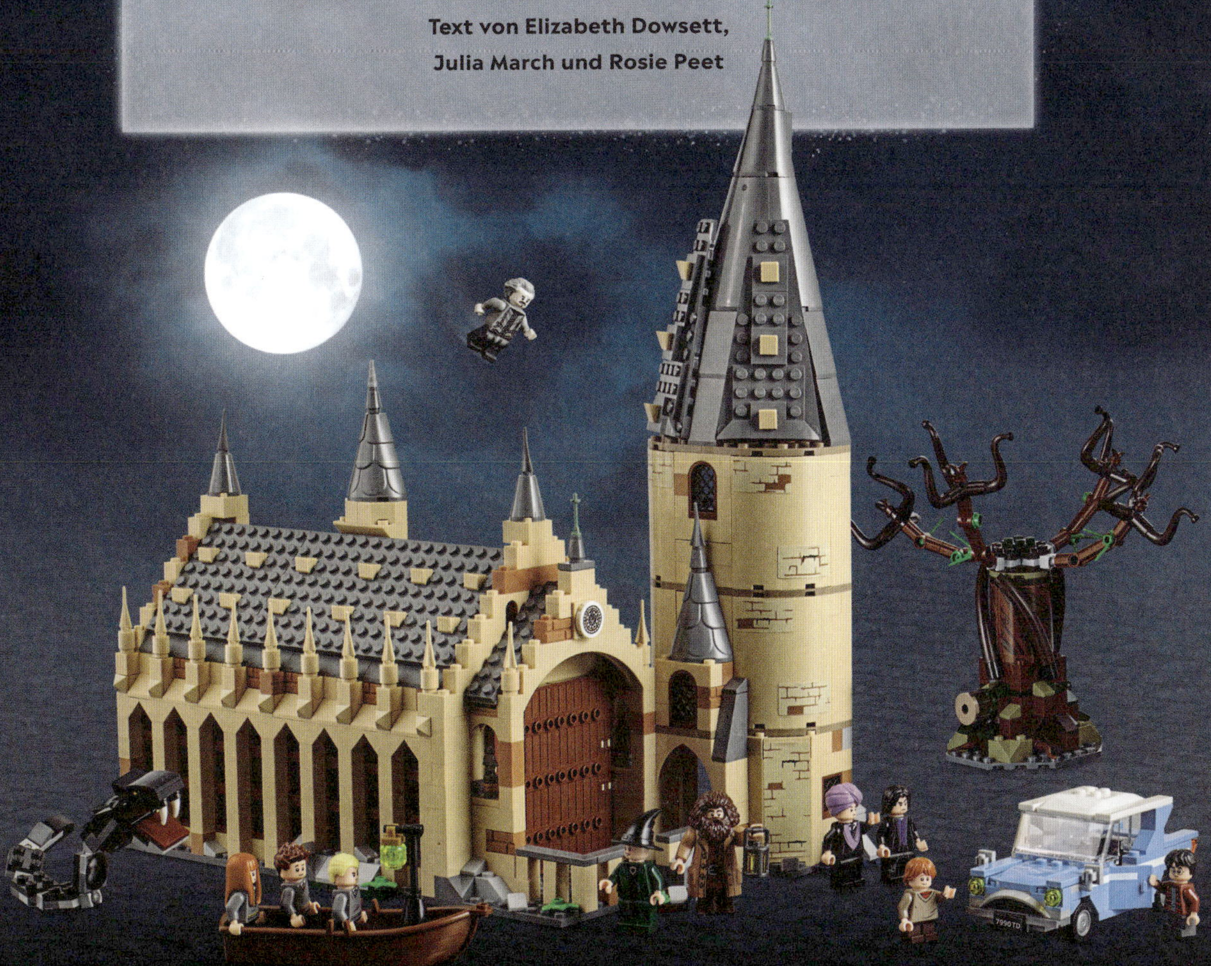

INHALT

EINLEITUNG

Willkommen in der wunderbaren Welt von LEGO® Harry Potter™! Erkunde die magischen LEGO Harry Potter Sets, die von den Harry-Potter-Filmen inspiriert wurden. Steig in den Hogwarts Express, besuche Schloss Hogwarts, öffne die Tür zur großen Halle und weiche der Peitschenden Weide aus. Ganz Mutige werfen sogar einen Blick in Aragogs Versteck!

Du wirst eine Vielzahl LEGO Harry Potter Minifiguren treffen. Harry, Ron und Hermine sind natürlich auch da. Außerdem ihre Freunde und Gegner, ihre Tiergefährten, Lehrer und Mitschüler aus allen vier Häusern von Hogwarts.

Blättere um ... und lass die Magie beginnen!

WILLKOMMEN IN HOGWARTS

Die Hogwarts-Schule für Hexerei und Zauberei
ist anders als andere Schulen. Junge Hexen und
Zauberer lernen hier magische Fertigkeiten und finden
Freunde fürs Leben. Für nicht-magische Menschen ist
das Schloss unmöglich aufzuspüren: Ein sicherer Ort
also, an dem Schüler ihre Zauberkünste verfeinern.

DER HOGWARTS EXPRESS

Eine **magische** rote **Dampflok**, die Schüler nach **Hogwarts** und zurückbringt

*A*m 1. September um 11 Uhr fährt in London stets der Hogwarts Express ab und bringt junge Zauberer und Hexen zum Bahnhof Hogsmeade zum Start des neuen Schuljahres der Hogwarts-Schule für Hexerei und Zauberei.

Im LEGO® Set Hogwarts Express fahren die leuchtend rote Lok, ein Kohlewagen und ein Passagierwaggon am Bahnhof King's Cross ein. Auf einer Eisenbahnbrücke überqueren Minifiguren die Gleise. Dort zählt eine Uhr mit beweglichem Zeiger die Minuten bis Punkt 11. An Gleis 9 haben es die Minifiguren fast geschafft. Sie müssen nur noch auf eine Wand zulaufen, an der sich ein Block aus LEGO Steinen dreht, um die Tür zu Gleis 9¾ zu öffnen – einem geheimen Bahnsteig, der magisch vor Muggels verborgen ist.

LEGO Set: Hogwarts™ Express (75955)

HARRY POTTER

Der Junge, der überlebte, und berühmtester Hogwarts-Schüler

Harry wuchs bei Muggel-Verwandten auf und war schon elf Jahre alt, als er erfuhr, dass er ein Zauberer war, und an die Hogwarts-Schule für Hexerei und Zauberei eingeladen wurde.

In diesem LEGO Set beginnt Harrys Minifigur ein neues Schuljahr. Er wartet am Bahnhof King's Cross in London auf den Hogwarts Express. Auf kurzen, nicht beweglichen Beinen ist Harry in einer einfachen grauen Hose und einer blauen Jacke unterwegs. In der Öffentlichkeit tragen Schüler niemals ihre Schulroben!

Hinter Harry ist ein Stand mit der Zeitung *Tagesprophet*. Die Titelgeschichte handelt vom „Jungen, der überlebte". Das ist Harry! Er wird wegen einer glimpflich verlaufenen Begegnung mit einem Dunklen Zauberer so genannt.

Haus: Gryffindor **Patronus:** Hirsch **Tierbegleiter**: Eule Hedwig
LEGO Sets: Hogwarts™ Express (75955), Aragogs Versteck (75950)

the **Daily Prophet**
EXCLUSIVE

the **Daily Prophet**
EXCLUSIVE
HARRY POTTER
The Boy who
LIVED!

HERMINE GRANGER

Die **klügste** Hexe ihrer Zeit und eine **mutige, treue** Freundin

Die hochintelligente Hermine Granger wuchs in der Muggel-Welt bei ihren Zahnarzt-Eltern auf. Sie beginnt gerade ein neues Schuljahr an der Hogwarts-Schule für Hexerei und Zauberei. Hier wird sie neue Zauber lernen, Tränke brauen und magische Wesen treffen!

In diesem LEGO Set läuft Hermines Minifigur über die Eisenbahnbrücke, so schnell ihre kurzen, unbeweglichen Beine sie tragen. Ihr lässiger, gestreifter Kapuzenpulli taucht nur im Hogwarts Express Set auf. Sie hat ihr Gepäck und ihren Zauberstab, und das neue Schuljahr kann losgehen! Auf der anderen Seite der Brücke ist der verborgene Eingang zu Gleis 9¾, wo Hermine mit ihren Mitschülern in den Hogwarts Express steigen wird.

Haus: Gryffindor **Patronus:** Otter **Tierbegleiter:** Katze Krummbein
LEGO Set: Hogwarts™ Express (75955)

RON WEASLEY

Ein **heiterer**, guter Freund mit **verborgenen Heldenqualitäten**

D er freundliche Ron Weasley ist in seiner Familie der sechste Junge, der nach Hogwarts geht. Wie alle Weasleys ist Ron rothaarig, und sein Sinn für Humor ist einzigartig.

Die Weasley-Familie ist groß und liebevoll, aber nicht sonderlich reich. Daher landet bei Ron immer viel Gebrauchtes. Rons Minifigur aus dem LEGO Set Harry Potter Hogwarts Express trägt die alte karierte Jacke seines Bruders Bill. Er schiebt einen LEGO Gepäckwagen mit weitergereichten Gegenständen. Rons Gepäck enthält auch Percys alte Ratte Krätze und Charlies abgelegten Zauberstab.

Der sommersprossige Ron freundet sich mit Harry an, nachdem er ihm geholfen hat, die magische Barriere zu Gleis 9¾ zu überwinden. Die beiden sind seitdem dicke Freunde.

Haus: Gryffindor **Patronus:** Jack Russell **Tierbegleiter:** Ratte Krätze
LEGO Sets: Hogwarts™ Express (75955), Aragogs Versteck (75950)

REISE NACH HOGWARTS

Reise mit Stil und Leckerbissen zur Schule

Dein Waggon wartet im LEGO Hogwarts Express. Die Hogwarts-Schüler lassen sich nieder und tauschen sich über Neuigkeiten aus. Ron und Harry sind in einem Vierer-Abteil mit abnehmbarem Dach und Seitenwand.

Rons Ratte Krätze bleibt beige, obwohl Ron ihr ein gelbes Fell anzaubern will. Jede Minifigur entspannt sich in einem gemütlichen Sessel, während die Landschaft vorüberrast.

Hier kommt die Imbiss-Hexe mit ihrem Süßigkeiten-Wagen. Diese Minifigur verkauft magische Naschereien wie Schokofrösche oder Bertie Botts Bohnen jeder Geschmacksrichtung. Gut, dass der LEGO Waggon Fenster-scheiben hat, damit Rons Schokofrosch nicht weghüpfen kann!

LEGO Set: Hogwarts™ Express (75955)

ERSTER BLICK AUF HOGWARTS

Eine **Laternenlicht-Bootsfahrt** über den **See** zur Schule

D er letzte Teil der Reise nach Hogwarts ist eine Boots-
fahrt über einen See im Mondschein.

Im LEGO Set Die große Halle von Hogwarts sitzen
die Minifiguren Ron, Harry, Hermine und Susan Bones in
einem Boot. Eine Laterne hängt am Bug, um im Dunklen
den Weg zu weisen. Sie tragen alle ihre Hogwarts-Schul-
uniformen. Hagrid, der Hüter der Schlüssel und Ländereien
in Hogwarts, wartet am Steg mit einer Laterne. Professor
McGonagall und Albus Dumbledore stehen bereit, um die
Schüler zu begrüßen. Dumbledores Minifigur in dunkelroten
Roben gibt es nur in diesem Set. Hogwarts' riesige Eingangstüren schwingen auf zur großen Halle.

LEGO Set: Die große Halle von Hogwarts™ (75954)

DER SPRECHENDE HUT

Ein denkender Kopfschmuck, der Gedanken lesen kann!

Dieser abgewetzte Hut wirkt zwar unauffällig, aber er enthält die Klugheit der vier Gründungszauberer und -hexen von Hogwarts. Der Sprechende Hut schaut in die Köpfe der Schüler, um sie dem Haus zuzuweisen, das am besten zu ihnen passt. Dazu singt er, redet und gibt Ratschläge!

Im Set Die große Halle von Hogwarts steht Professor McGonagalls Minifigur bereit, um den Sprechenden Hut auf den Kopf jedes neuen Schülers zu setzen. Das gehört zur jährlichen Zuordnungszeremonie. Auf dem Tisch hinter McGonagall steht ein Kelch für das Empfangsfest. Susan Bone ist dran und tauscht ihr LEGO Haarelement gegen den Hut aus. Und er verkündet ... Hufflepuff!

LEGO Set: Die große Halle von Hogwarts™ (75954)

GODRIC GRYFFINDOR

Der Gründer des Hauses **Gryffindor** und ein **mutiger** Anführer

G odric Gryffindor war einer der vier Gründer von Hogwarts. Godric legte Wert auf Mut und Entschlossenheit. Er wuchs durch Herausforderungen über sich hinaus und hatte ein Talent für Duelle. Er glaubte, muggelstämmige Hexen und Zauberer sollten auch in Hogwarts lernen dürfen. Sein Mitgründer Salazar Slytherin sah das anders.

Im LEGO Set Schloss Hogwarts trägt Godric mittelalterliche Zauberroben in sattem Rot und Gold, den Hausfarben von Gryffindor. Sein rotes Haar und sein buschiger Bart erinnern an eine Löwenmähne. Er schwingt einen Zauberstab in der einen Hand und das Schwert von Gryffindor in der anderen. Mit diesem alten Schwert trat Harry in seinem zweiten Schuljahr in der Kammer des Schreckens dem Basilisken entgegen.

Haus: Gryffindor **Talent:** Duellieren **Eigenschaften:** Mut, Tapferkeit und Entschlossenheit **LEGO Set:** Schloss Hogwarts™ (71043)

SALAZAR SLYTHERIN

Der **Hogwarts-Gründer**, der jeden nach seiner **Abstammung** beurteilte

*E*iner der vier Gründer von Hogwarts, Salazar Slytherin, glaubte, dass nur Schüler aus reinblütigen Zauber-familien zugelassen werden sollten. Das führte zum Bruch zwischen ihm und den anderen Gründern von Hogwarts.

Nur in diesem LEGO Set von Schloss Hogwarts gibt es Slytherins Minifigur in grün-silberner Robe mit Schlangenmuster. Sein strenges Gesicht wird halb vom schlängelnden, weißen Bart bedeckt. Um Slytherins Hals hängt ein Medaillon mit eingraviertem „S", das er verzaubert hat, sodass nur ein Parselmund wie er es öffnen kann. Ein Parselmund ist jemand, der die Sprache der Schlangen spricht. Welche Geheimnisse das Medaillon wohl enthält?

Haus: Slytherin **Talent:** Parselmund **Eigenschaften:** gerissen, stolz, ehrgeizig **LEGO Set:** Schloss Hogwarts™ (71043)

HELGA HUFFLEPUFF

Die Hogwarts-Gründerin, die **Fairness** und **Gleichheit verkörperte**

H elga Hufflepuff behandelte ihre Schüler nicht wie ihre Mitgründer unterschiedlich. In ihrem Haus war jeder willkommen, aber sie ermutigte auch jeden, hart zu arbeiten und mit allen gerecht umzugehen.

Auf dem Kopf von Helgas Minifigur im LEGO Set Schloss Hogwarts türmen sich lange Zöpfe. Sie trägt braune Kleidung. Die Rückseite ihres Mieders ist unter dem Umhang mit einer Schnürung bedruckt. Der Dachs, das Hufflepuff-Haussymbol, ist auf ihrem Gürtel und der Schnalle ihres Umhangs. Sie hält einen goldenen Kelch, der als Hufflepuffs Trinkpokal bekannt ist, und ihren Zauberstab.

Haus: Hufflepuff **Talente:** Zaubersprüche und Kochen
Eigenschaften: Hingabe, Geduld, Treue
LEGO Set: Schloss Hogwarts™ (71043)

ROWENA RAVENCLAW

Die **klügste Hexe** ihrer Zeit und eine **Gründerin von Hogwarts**

Haus Ravenclaw ist nach der genialen Rowena Ravenclaw benannt. Sie war bekannt für ihren scharfen Verstand und glaubte: „Gewitztheit im Übermaß ist des Menschen größter Schatz". Sie wollte die klügsten jungen Hexen und Zauberer in Hogwarts unterrichten.

Rowena Ravenclaw trägt lange blaue Kleidung mit einem Rockteil. Blau wurde die Hausfarbe von Ravenclaw und ist zusammen mit dem Adler-Symbol auf dem Hausbanner zu sehen.

Das Kleid von Rowenas Minifigur ist mit Metalldruck verziert, der an den Nachthimmel gemahnt – genau wie die Decke im Ravenclaw-Gemeinschaftsraum. Ihr Adler-Diadem (eine Krone) liegt auf ihrer Stirn.

Haus: Ravenclaw **Talent:** Problemlösung **Eigenschaften:** Klugheit, Wissbegier, Weisheit **LEGO Set:** Schloss Hogwarts™ (71043)

LEHRER

Die Lehrer leben in Hogwarts genau wie die
Schüler im Schloss. Sie sind sehr speziell!
Professor Dumbledore, der weise Schulleiter, ist
für seine Leidenschaft für Zitronenbrausebonbons
bekannt. Die strenge Professorin McGonagall ist
großer Quidditch-Fan. Hagrid, Hüter der Ände-
reien, begeistert sich für gefährliche Wesen.

PROFESSOR DUMBLEDORE

Hogwarts-Schulleiter und der größte Zauberer von allen

*A*lbus Percival Wulfric Brian Dumbledore ist einer der mächtigsten Zauberer der magischen Welt und der Schulleiter von Hogwarts. Er ermutigt zu Treue und Respekt. Dumbledores Liste von Leistungen ist länger als sein wallender weißer Bart, und es heißt, er sei der Einzige, den Voldemort fürchtet.

Trotz seiner bedeutenden Stellung hat Dumbledore eine unbeschwerte Seite. In seinen Augen liegt hinter der halbrunden Brille oft ein Glitzern. Seine Minifigur in blassblauer Seidenrobe und Hut mit goldener Quaste hält das erste LEGO® Denkarium überhaupt. Diese verzauberte Steinschale enthüllt wirbelnde Erinnerungen. Sie beschwört sehr lebhafte Bilder herauf. Wer ins Denkarium schaut, sieht Erinnerungen, als wäre er selbst dabei gewesen.

Haus: Gryffindor **Patronus:** Phönix **Nascherei:** Zitronenbrausebonbons
LEGO Set: LEGO® Minifiguren (71022)

PROFESSOR MCGONAGALL

Strenge, aber gerechte Professorin und Hauslehrerin von Gryffindor

Minerva McGonagall ist schon seit Jahren in Hogwarts. Ihr Fach ist Verwandlung – die Kunst, aus einer Sache etwas anderes zu machen. Sie leitet auch das Haus Gryffindor. Doch Gryffindor-Schüler erhalten von der gerechten Lehrerin keine Vorzugsbehandlung.

Jedes Jahr führt Professor McGonagall die Zuordnungszeremonie in der großen Halle durch. Sie empfängt winkend die Neuankömmlinge. Ihre Minifigur trägt einen traditionellen spitzen Hexenhut und eine dunkelgrüne Robe. Obwohl sie den Ruf hat, streng zu sein, kann McGonagalls warmes, freundliches Gesicht die nervösen Schüler im ersten Schuljahr mit Sicherheit beruhigen.

Haus: Gryffindor **Fach:** Verwandlung **Animagus:** Tigerkatze
LEGO Set: Die große Halle von Hogwarts™ (75954)

PROFESSOR FLITWICK

Halbkobold-Lehrer für Zauberkunst und Hauslehrer von Ravenclaw

*F*ilius Flitwick ist der geschätzte Lehrer für Zauberkunst. Generationen von Hexen und Zauberern haben von seinem geduldigen und fürsorglichen Unterrichtsstil profitiert – und seine schelmische Art bemerkt.

Flitwicks koboldgroße Minifigur hat kurze Beine und ein heiteres Gesicht, auf das buschige Augenbrauen, ein Schnurrbart und eine silberne Brille gedruckt sind. Er trägt seinen Anzug vom Weihnachtsball mit Schößen aus LEGO Umhangstoff. Eine schwarze Fliege sitzt zwischen Kopf und Oberkörper.

Obwohl Flitwick den Hogwarts-Chor und das Orchester leitet, ist seine Quietschstimme alles andere als musikalisch. Manchmal braucht er ein Megafon!

Haus: Ravenclaw **Fach:** Zauberkunst **Eigenschaften:** Humor, Intelligenz, Mut **LEGO Set:** LEGO® Minifiguren (71022)

MADAM HOOCH

Fluglehrerin, **Besen-Expertin** und Schiedsrichterin mit **Adleraugen**

Rolanda Hooch ist die Fluglehrerin und Quidditch-Schiedsrichterin in Hogwarts. Die scharfzüngige Lehrerin wird gefürchtet und respektiert. Sie ist bekannt als gerechte, aber strenge Schiedsrichterin. Sie gestattet keine faulen Tricks. Wenn sie ihre Befehle brüllt, erwartet sie Gehorsam – sonst kracht's!

Madam Hoochs LEGO Minifigur ist als Schieds-richterin gekleidet. Sie trägt ihr Flugcape und hat die Jacke geschlossen, die auf ihren Oberkörper gedruckt ist, damit sie in der Luft nicht flattert. Dreh ihren doppelseitigen Kopf, damit sie ihre Schutzbrille aufsetzt! Hooch weiß, was einen guten Besen ausmacht. Ihren Besen hält sie gut in Schuss, genau wie ihr windzerzaustes graues Haar!

Hobbys: Besen-Fanatikerin **Erster Besen:** Silberpfeil **Talent:** Fliegen
LEGO Set: LEGO® Harry Potter™ Bricktober Minifiguren (5005254)

PROFESSOR SNAPE

Strenger, verschlossener und kluger Zaubertrank-Lehrer

Severus Snape ist der geheimnisvolle Slytherin-Haus-lehrer. Er unterrichtet in seinem kerkerartigen Klassen-zimmer das Fach Zaubertränke. Der sarkastische Professor ist vom ersten Tag an streng mit Harry. Mit seinem mies gelaunten Gesicht und der dunklen Robe lehrt Professor Snape auch den tapfersten Gryffindor das Fürchten.

Im LEGO Set Peitschende Weide von Hogwarts sitzt Snape in seinem Büro. Hinter ihm hängt ein Porträt. Seine Zaubertrankflaschen stehen ordentlich in Regalen. Snape genehmigt sich eine Korrekturpause, um den *Tagespro-pheten* zu lesen. Sein am wenigsten geschätzter Schüler Harry Potter ist auf der Titelseite. Vielleicht runzelt sein Minifiguren-Gesicht darum die Stirn!

Haus: Slytherin **Fach:** Zaubertränke **Patronus:** Hirschkuh
LEGO Sets: Peitschende Weide von Hogwarts™ (75953),
Quidditch™ Turnier (75956)

RUBEUS HAGRID

Hogwarts' **Wildhüter** und ein Freund **gefährlicher Kreaturen**

Mit seinem wilden Haar und Bart sieht Rubeus Hagrid aus, als hätte er gerade eine der magischen Kreaturen bezwungen, um die er sich kümmert! Aber er hat ein Herz aus Gold. Er ist immer nett zu jenen in Not, selbst wenn es gefährliche Tiere wie Drachen oder Riesenspinnen sind!

Hagrids übergroße LEGO Minifigur zeigt seine Halbriesen-Wurzeln. Er trägt eine Robe mit riesiger Gürtelschnalle und einen großen Mantel aus Maulwurfsfell. In seinem rosa Regenschirm verbirgt sich angeblich ein illegaler Zauberstab (seit er von Hogwarts flog, darf er nicht mehr zaubern). Hagrid arbeitet als Wildhüter und später als Lehrer für die Pflege magischer Geschöpfe.

Haus: Gryffindor **Fach:** Pflege magischer Geschöpfe
Talente: Drachenzähmen **LEGO Set:** Die große Halle von Hogwarts™ (75954)

PROFESSOR TRELAWNEY

Die exzentrische **Wahrsage-Lehrerin** glaubt, die **Zukunft** sehen zu können.

Sybill Trelawney unterrichtet Wahrsagen – die Kunst der Prophezeiung. Sie ist stolz, die Ur-Ur-Enkelin einer berühmten „Seherin" zu sein – einer Hexe, die in die Zukunft blicken konnte. Allerdings glauben viele, Sybill würde ihre Prophezeiungen erfinden!

Die vergessliche Professorin findet man meist in ihrem vollgestopften Klassenzimmer oben im Turmzimmer. Ihre LEGO Minifigur trägt eine übergroße Brille, Amulette um den Hals und einen Schal, der um ihr wirres Haar gebunden ist. Trelawneys exzentrische Kleidung ist mit Mustern, Schichten und Quasten bedruckt. Sybill hat auch eine Teetasse dabei. Man weiß schließlich nie, wann man im Teesatz die Zukunft lesen möchte.

Haus: Ravenclaw **Fach:** Wahrsagen **Hobbys:** Teesatzlesen, Kristallkugelschauen **LEGO Set:** LEGO® Minifiguren (71022)

PROFESSOR SLUGHORN

Zaubertrank-Professor im Bann von **Geld** und **Macht**

Hast du das Zeug, Mitglied im „Slug-Club" zu werden? Diese exklusive Gruppe wird vom Zaubertrank-Lehrer Professor Slughorn erwählt. Nur die klügsten Schüler bekommen eine Einladung. Es hilft auch, aus einer wichtigen Familie zu stammen! Der pompöse Professor ist charmant und hilfreich gegenüber Reichen, Mächtigen oder Klugen. Schüler, die er weniger schätzt, werden ignoriert.

Slughorns LEGO Minifigur trägt Tweed mit aufgedruckter Weste und Fliege. Sein graues Haarelement hat einen Seitenscheitel. Er hält eine Phiole mit einem meisterhaft hergestellten grünen Trank. Könnte es der Preis für den Schüler sein, der den besten Trank in der Klasse braut?

Haus: Slytherin **Fach:** Zaubertränke **Nascherei:** Kandierte Ananas
LEGO Set: LEGO® Harry Potter™ Bricktober Minifiguren (5005254)

SCHUL-ALLTAG

Bei Tage lernen fleißige junge Hexen und Zauberer
neue magische Fähigkeiten. Hier versuchen sich Hermine
und Seamus an einem Schwebezauber. Nach dem Unterricht wartet noch mehr Spaß, etwa das Quidditch-Training
und ein Festessen in der großen Halle. Manchmal
kommt es sogar zu einem Duell! Und dann sind da
noch die vielen Geheimnisse des Schlosses ...

ZAUBERTRÄNKE-UNTERRICHT

Wo man die **feine Wissenschaft** und **exakte Kunst** des Tränkebrauens lernt.

Im Zaubertränke-Unterricht lernen Schüler, wie man Zaubergebräue wie Schlaftrunk, Liebestränke und Glück in flüssiger Form herstellt. Während des Unterrichts füllt sich Professor Snapes Klassenzimmer mit Rauch, Blasen und verschiedensten Gerüchen. Nicht immer riecht es gut!

Im Set Peitschende Weide von Hogwarts brauen die Schüler ihre Tränke im Klassenzimmer. Hermine Granger folgt Snapes Anweisungen buchstabengetreu. Seamus Finnigans entsetzt dreinblickende Minifigur war nicht so sorgfältig. Dieser Gryffindor hat die Angewohnheit, für Chaos im Klassenzimmer zu sorgen. Aus seinem Kessel wird gleich grüner Rotz über seine ganze Schuluniform blubbern!

LEGO Set: Peitschende Weide von Hogwarts™ (75953)

FLUG-UNTERRICHT

Anfänger lernen **Gleichgewicht, Steuerung** und ein Gefühl für die **Höhe**.

Neue Schüler in Hogwarts beginnen in der ersten Woche den Flug-Unterricht bei Madam Hooch. Junge Hexen und Zauberer bringen es nur zu etwas, wenn sie die Grundlagen meistern.

Harry Potters und Susan Bones' Minifiguren sausen über die spitzen Türme des LEGO® Sets Die große Halle von Hogwarts, Harry auf einem braunen Besen und Susan auf einem schwarzen. Die Minifiguren halten ihre Besen mit einer Hand – ganz schön riskant! Harry hat seinen Zauberstab dabei, falls er mal in der Luft Zaubern üben muss.

Schüler aller Häuser nehmen gemeinsam an den Flugstunden teil. Harry trägt seine Gryffindor-Uniform, Susan ihre Hufflepuff-Farben. Sie sollten nicht zu weit fliegen, sonst verpassen sie noch das Festmahl in der großen Halle unter ihnen.

LEGO Set: Die große Halle von Hogwarts™ (75954)

GRYFFINDOR-SCHLAFSAAL

Ein gemütlicher, von Kerzenlicht erhellter Raum zum Entspannen.

In Hogwarts hat jedes Haus eigene Schlafsäle. Harry und Ron sind im selben Schlafsaal. Er hat eine niedrige Bogendecke und wird von einer Kerze beleuchtet. Verziert ist er mit einem Gryffindor-Banner.

Hier liegen Harrys und Rons Minifiguren wach und quasseln. Sie haben gerade ein Auto in die Peitschende Weide krachen lassen, da gibt es viel zu besprechen! Ihre Betten stehen nebeneinander mit weißen LEGO Dachsteinen als Kissen. Hinter den Bogenfenstern mit Gitterläden befindet sich die Peitschende Weide. Unter dem Schlafsaal liegt das Zaubertränke-Klassenzimmer, in dem glitzernde Flaschen ordentlich in Regalen stehen.

LEGO Set: Peitschende Weide von Hogwarts™ (75953)

NEVILLE LONGBOTTOM

Ein schüchterner, aber mutiger Gryffindor mit Hang zur Kräuterkunde

Neville wuchs bei seiner Großmutter auf. Dem schüchternen Gryffindor fehlt manchmal das Vertrauen in die eigenen Fähigkeiten. In Kräuterkunde brilliert er jedoch im Umgang mit magischen Pflanzen und Pilzen.

Nevilles Minifigur trägt den beigen Kräuterkunde-Schutzumhang der Schule. An den Minifiguren-Händen hat er braune Handschuhe, um es mit magischen Pflanzen aufzunehmen. In dieser Kräuterkunde-Stunde geht es um Alraunen: seltsame, gefährliche Pflanzen, deren Wurzeln wie kleine Lebewesen wirken. Neville trägt einen Ohrenschutz, um sich vor dem lauten Alraunen-Geschrei zu schützen. Die Alraune lässt sich aus dem Topf ziehen, sodass ihr wütendes Gesicht zum Vorschein kommt.

Haus: Gryffindor **Tierbegleiter:** Kröte Trevor
LEGO Set: LEGO® Minifiguren (71022)

DEAN THOMAS

Sportbegeisterter Schüler und treuer Freund

Der Londoner Dean Thomas wuchs in der Muggel-Welt auf, bevor er die Einladung nach Hogwarts bekam. Wie für Harry ist für Dean die magische Welt brandneu!

Dean ist ein Fußballfan, aber von Quidditch hatte er nie gehört, bis er in Hogwarts ankam. Deans Minifigur ist unterwegs, um sein Haus anzufeuern, und trägt den Gryffindor-Schal um den Hals geschlungen. In der Hand hält er ein LEGO Flaggen-Element, das mit den Gryffindor-Farben und dem Löwenemblem verziert ist. Sein bester Freund ist sein Gryffindor-Mitschüler Seamus Finnigan, und er kommt auch sehr gut mit Harry, Ron und Hermine aus. Dean ist ein treuer Gryffindor, der seine Freunde in Zeiten der Not gern unterstützt.

Haus: Gryffindor **Bester Freund:** Seamus Finnigan
LEGO Set: LEGO® Minifiguren (71022)

DIE EULEREI

Die **luftige, zugige** Behausung von Hogwarts' treuen **Eulenboten**

Ganz oben im Westturm von Schloss Hogwarts gibt es einen runden Raum aus Stein. Scheibenlose Fenster liefern ihn den Elementen aus und oft ziehen eisige Böen durch. Das ist die Eulerei – der Ort, an dem die Eulen von Hogwarts leben.

Im LEGO Set Peitschende Weide von Hogwarts sitzt Harrys Eule Hedwig im hohen, kegelförmigen Erkerturm. Sie hat gerade eine lose Feder verloren. Viele Bewohner des Eulenturms sind Boteneulen der Schule. Sie helfen Schülern und Lehrern, Briefe und Päckchen zu empfangen oder zu verschicken – nach Hause oder anderswohin. Die Boteneulen teilen sich die Unterkunft mit den Eulen, die die Schüler mit nach Hogwarts bringen. Zu Hedwig werden sich bald Eulen aller Größen und Farben gesellen.

LEGO Set: Peitschende Weide von Hogwarts™ (75953)

MAHLZEITEN IN HOGWARTS

Zeit für **Entspannung** und **leckere Speisen** mit Schulkameraden

Mahlzeiten sind in Hogwarts etwas Besonderes. Die ganze Schule kommt zusammen, man vergisst den Unterricht, unterhält sich und putzt Leckerbissen weg.

Das LEGO Set Die große Halle von Hogwarts hat lange Tische und Bänke, an denen die Schüler zusammensitzen und essen können. Schüler, die direkt vom Quidditch-Training kommen, können ihre Besen an die Haken neben den riesigen Eingangstüren der großen Halle hängen.

An einem Tisch schlürft Susan Bones ihren Kürbissaft. Ron wirkt nicht so entspannt. Er hat seinen Nachtisch auf den Boden fallen lassen, und schon stürzt sich Krätze darauf. Krätze steht sogar noch mehr auf Süßes als Ron. Ron muss seinen Kuchen rasch retten!

LEGO Set: Die große Halle von Hogwarts™ (75954)

DER SPIEGEL NERHEGEB

Er **spiegelt** das, wonach sich das **Herz am meisten sehnt**.

*I*m goldenen Rahmen des Spiegels ist das Wort „Nerhegeb" eingraviert – „Begehren", aber rückwärts geschrieben. Denn der Spiegel zeigt, was man am liebsten sehen würde. Harry, dessen Eltern starben, als er ein Baby war, wünscht sich, bei ihnen zu sein. Im Spiegel sieht er sich und seine Eltern, Lily und James Potter.

Den Spiegel Nerhegeb findet man im LEGO Modell der großen Halle. Er steht auf einer Säule und wird zwischen zwei Ornamentsteinen gehalten. Die Füllung des Spiegels ist austauschbar, um das Begehren verschiedener Mini-figuren zu zeigen. Außer Harry zeigt er auch Ron als Schul-sprecher und Quidditch-Kapitän, Dumbledore mit einem Paar gemütlicher Socken und Professor Quirrell mit dem Stein der Weisen.

LEGO Set: Die große Halle von Hogwarts™ (75954)

DIE PEITSCHENDE WEIDE

Ein **gefährlicher** Baum, der **wild um sich schlägt**

Die Peitschende Weide ist ein magischer Baum, der in Hogwarts wächst. Vorsicht – sie wehrt alles ab, was in die Reichweite ihrer wirbelnden Äste kommt!

Die knorrigen Äste der LEGO Peitschenden Weide sind alle beweglich. Sie bestehen aus LEGO® Technik Verbindern und gebogenen Elementen, wie man sie oft als Schwänze, Tentakel oder Rüssel bei Tieren findet. Um das Peitschen der Weide nachzustellen, kann man den oberen Teil mit einer Scheibe drehen, dabei schlagen die Zweige um sich. Am Fuß des Baums ist ein Loch – ist das der Eingang des Geheimtunnels, der zur Heulenden Hütte führt?

Ron und Harry lassen Arthur Weasleys fliegenden Ford Anglia in die Peitschende Weide krachen. Gleich werden sie von den Ästen weggeschleudert.

LEGO Set: Peitschende Weide von Hogwarts™ (75953)

DUELLIER-CLUB

Ein **freiwilliger Club**, in dem Schüler üben, **Dunkle Künste abzuwehren**

Der Duellier-Club soll den Schülern beibringen, sich gegen Dunkle Künste zu verteidigen. Bei diesem Treffen in Hogwarts' großer Halle müssen sich Draco und Harry jedoch gegen den jeweils anderen verteidigen!

Die beiden stehen sich Minifigur-Kopf an -Kopf gegenüber, ihre Stäbe erhoben wie Schwerter. Ihre Rivalität ist mit ihnen durchgegangen und sie haben die Regeln vergessen. Beide lassen Sprüche los, die weit über die Grundlagen hinausgehen, die sie hier einsetzen sollen. Beide doppelseitigen Köpfe der Minifiguren sind auf ihre aufschäumende Seite gedreht.

Den Duellier-Club gibt es, weil ein Basilisk – der auch zum Set gehört – an der Schule umgeht. Vielleicht sollte man den Club lieber auflösen? Die große Halle kann man doch für freundlichere LEGO Szenen nutzen.

LEGO Set: Die große Halle von Hogwarts™ (75954)

VIELSAFT-
TRANK

Ein flüssiges Gebräu, das einen aussehen lässt wie jemand anderen

D as Brauen des Vielsafttranks erfordert gehobenes Können. Darum wird das Rezept in der Verbotenen Abteilung der Schulbibliothek aufbewahrt. Die kluge Hermine hat's drauf, aber ihr fehlen Zutaten – sie sind Schülern verboten.

Im LEGO Set Die große Halle von Hogwarts schleicht Hermines Minifigur die bewegliche Wendeltreppe zum Klassenzimmer für Zaubertränke im Rundturm hinauf. Dort holt sie sich aus Professor Snapes Vorräten, was sie für den Vielsafttrank benötigt.

Jetzt braucht Hermine nur noch Zeit, Geduld und magisches Talent, um den Trank zu brauen. Bald kann sie jede der neun anderen Minifiguren in diesem Set darstellen, bis auf den Fast Kopflosen Nick. Denn der Vieltranksaft verleiht niemals das Aussehen einer anderen Spezies – oder eines Geistes!

LEGO Set: Die große Halle von Hogwarts™ (75954)

DER FAST KOPFLOSE NICK

Der freundliche **Hausgeist** im **Gryffindor-Turm**

Sir Nicholas de Mimsy-Porpington ist einer der Geister, die in Hogwarts leben. Er ist bekannt als Fast Kopfloser Nick und etwas empfindlich, weil er nicht völlig kopflos ist wie andere furchterregendere Geister.

Doch Nicks Wunsch wird im LEGO Set der großen Halle wahr. Sein weißer Kopf fliegt weg! Er lässt sich sogar an seine Minifiguren-Hand stecken, damit er ihn tragen kann, während er herumschwebt. Auf Nicks Gesicht ist ein eleganter Schnurrbart und ein gepflegter Bart gedruckt.

Er trägt die feinen Kleider eines Ritters aus dem 15. Jahrhundert: Strumpfhose, Kniebundhose und ein modisch besticktes Wams. Zumindest war es zu seiner Zeit modisch! Alles ist geisterhaft grau mit silbern schimmerndem Aufdruck.

Haus: Gryffindor **Ziel:** Die Jagd der Kopflosen mitmachen
LEGO Set: Die große Halle von Hogwarts™ (75954)

QUIDDITCH-TURNIER

Ein spannender Sport mit zwei
fliegenden Mannschaften auf Besen

Für viele Hogwarts-Schüler ist der Höhepunkt des Jahres das Quidditch-Turnier, bei dem die Häuser antreten, um den Quidditch-Pokal zu gewinnen. In ihrer roten Kleidung ist Harry Potters Minifigur der Star des Gryffindor-Teams. Als Sucher muss er den Goldenen Schnatz erwischen.

In diesem Spiel liegt Gryffindor gleichauf mit dem Erzrivalen Slytherin. Harry sucht voll konzentriert den Schnatz. Sein Teamkamerad Oliver Wood kann durch einen Hebel bewegt werden, um die Gryffindor-Torreifen erfolgreich vor dem Slytherin-Jäger Marcus Flint zu verteidigen. Der Slytherin-Treiber Lucian Bole schlägt derweil schwarze Klatscher auf die Gryffindor-Spieler. Boles beunruhigtes Gesicht zeigt, dass ihm klar ist: Harry hat den Schnatz fast erreicht! Wird Harry ihn fangen und das Turnier für Gryffindor gewinnen?

LEGO Set: Quidditch™ Turnier (75956)

CHO CHANG

Eine **kluge** und **einfühlsame**
Ravenclaw-Schülerin

Die schlaue Hexe Cho ist ein beliebtes Mitglied von Haus Ravenclaw. Sie geht im fünften Schuljahr mit Cedric Diggory auf den Weihnachtsball. Cho ist eine Rebellin – im sechsten Jahr schließt sie sich Dumbledores Armee an, einem Geheimclub, der Verteidigungszauber übt.

Chos Minifigur hat lange schwarze Haare und ein entspanntes Lächeln. Ihre Ravenclaw-Krawatte ist ordentlich geknotet. Die Eule an ihrer Seite durfte sie sich aus der Eulerei ausleihen. Sie hilft Cho beim Verschicken von Briefen. Für Notfälle hat Cho ihren Zauberstab dabei!

Haus: Ravenclaw **Patronus:** Schwan
LEGO Set: LEGO® Minifiguren (71022)

CEDRIC DIGGORY

Ein **beliebter** Schüler, **Held** des Sports und würdiger **Champion**

Mutig, aber bescheiden, wetteifernd, aber fair – das macht Cedric zu einem beliebten Jungen. Er ist der Kapitän der Hufflepuff-Quidditch-Mannschaft und Vertrauensschüler.

Cedrics Minifigur tritt im Trimagischen Turnier an, einem Wettbewerb zwischen Europas drei großen Zauberschulen. Cedric vertritt Hogwarts gegen die Rivalen der Beauxbatons-Akademie und des Durmstrang-Instituts. Er muss drei Aufgaben erfüllen, darunter den Trimagischen Pokal in einem magischen Labyrinth aufspüren. Seine Minifigur trägt Wettbewerbskleidung in den Farben seines Hauses, hinten ist sein Name aufgedruckt. Auf seiner Brust glänzt das Hogwarts-Emblem, mit dem Cedric sofort als Held und Schul-Champion zu erkennen ist.

Haus: Hufflepuff **Quidditch-Position:** Sucher
LEGO Set: LEGO® Minifiguren (71022)

UNSICHTBARKEITS-UMHANG

Ein **magischer Umhang**, der die Person darunter völlig verbirgt

Harry erhält ein anonymes Weihnachtsgeschenk – einen Unsichtbarkeitsumhang! Er ist einzigartig. Liegt er um Harrys Hals, verschwindet sein Körper völlig. Wenn Harry ihn nicht über den Kopf zieht, wirkt es, als würde sein Kopf in der Luft schweben – gruselig!

Hier ist Harry im Schlafanzug und barfuß, denn mit dem Umhang schleicht er meist nachts durch Hogwarts, wenn seine Mitschüler schlafen. Sein zerzaustes Haar sieht aus, als wäre er gerade aus dem Bett gestiegen. Aber dieses Haarelement gibt es auch auf sieben weiteren Harry-Minifiguren – so sieht seine Frisur eben aus! Der Umhang schimmert und hat innen ein magisches Muster aus wirbelnden Spiralen und Sternen.

LEGO Set: LEGO® Minifiguren (71022)

EIN DONNERWETTER

„Ihr wurdet von nicht weniger als sieben Muggels gesehen!"

*E*s ist Schülern verboten, außerhalb der Schule Magie zu benutzen – und doppelt schlimm, dabei von Muggels beobachtet zu werden. Im Set Peitschende Weide von Hogwarts wird es für Ron und Harry brenzlig, als sie im fliegenden Auto in die Peitschende Weide krachen. Aber es kommt noch schlimmer, als sie zu Professor Snape zitiert werden. Das Set enthält Snapes vollgestopftes Büro.

Die doppelseitigen Gesichter von Harrys und Rons Minifiguren grinsen nicht, sondern sind auf die besorgte Seite gedreht. Sie kamen auf unerlaubte Weise zur Schule, und ihre Magie wurde von Muggels gesehen. Die ganze Zeitung ist voll von ihren Sperenzchen. Snape wirkt fuchsteufelswild! Welche Strafe lässt er sich wohl einfallen?

LEGO Set: Peitschende Weide von Hogwarts™ (75953)

ARGUS FILCH

Der mürrische Hausmeister, der Schülern gern Ärger macht

Der unfreundliche Argus Filch arbeitet an der Schule, obwohl er Schüler nicht zu mögen scheint. Er ist ein Squib, er kommt also aus einer magischen Familie, hat aber selbst kein magisches Talent. Filch hat seinen Spaß daran, Schüler, die etwas im Schilde führen, zu erwischen und zu bestrafen.

Das graue Haar von Filchs Minifigur ist mit dem haarlosen Element auf seinem Kopf verbunden. Er trägt eine muffige Weste, ein verknittertes Hemd und eine ungepflegte Krawatte. Sein Gesicht ist mit Hängebacken und Koteletten bedruckt. Als Squib hat der Hausmeister keine magischen Utensilien, aber eine Lampe für nächtliche Rundgänge und Schlüssel für die vielen geheimnisvollen Türen des Schlosses.

Haus: keins **Tierbegleiter:** Katze Mrs. Norris
LEGO Set: Peitschende Weide von Hogwarts™ (75953)

DRACO MALFOY

Ein **reicher**, **arroganter** Slytherin-Schüler und Harrys **Erzrivale**

Draco Malfoys mächtiger Vater erzog Draco dazu, jeden zu verachten, der arm ist oder nicht aus einer reinblütigen Zauberfamilie stammt. Draco wurde prompt ein selbstverliebter Stänkerer und ging direkt zu Slytherin!

Wenn Draco nicht Mitschüler mobbt oder wichtige Erwachsene beeindruckt, trainiert er Quidditch. Wie Harry spielt Draco als Sucher für seine Hausmannschaft. Er jagt den winzigen geflügelten Schnatz, der im Quidditch-Feld herumsaust. Dracos Minifigur ist spielbereit in einem grünen Dress mit Slytherin-Emblem, einem kurzen grünen Umhang, braunen Flughandschuhen und weißer Hose. Er hält einen perlmuttgoldenen Schnatz. Sein süffisantes Grinsen hat hier eine besorgte Note. Hat er Angst, dass sein Team gegen Gryffindor verliert?

Haus: Slytherin **Talent:** Besenflug **Eltern:** Lucius und Narcissa Malfoy
LEGO Set: LEGO® Minifiguren (71022)

LUNA LOVEGOOD

Eine **verträumte** Ravenclaw, die keine Angst hat, **sie selbst zu sein**

Die wunderliche Luna macht alles auf ihre einzigartige Art. Sie ist eine aufmerksame Freundin und eine künstlerische, talentierte Schülerin. Sie folgt keinen Moderegeln, ihre bunte Minifigur trägt ein pinkes Top mit Taschen und Falten. Ihr Rock ist mit Sternen, Monden, Herzen, Pferden und Vögeln gemustert. In der Tasche über ihrer Schulter steckt bestimmt auch etwas Ungewöhnliches. Vielleicht eine Gespensterbrille oder eine Halskette aus Butterbierkorken!

Lunas Minifigur trägt eine Kachel mit der Zeitung *Klitterer*. Im *Klitterer* stehen irre Geschichten und Verschwörungstheorien. Diesmal geht es um ein „Pandämonium im Ministerium". Könnte da was dran sein? Luna sollte es wissen, denn ihr Vater gibt die Zeitung heraus!

Haus: Ravenclaw **Patronus:** Hase **Lieblingsohrringe:** Radieschen
LEGO Set: LEGO® Minifiguren (71022)

VERTEIDIGUNG GEGEN DIE DUNKLEN KÜNSTE

Die magische Welt ist voller Wunder, aber Harry erfährt von Hagrid, dass nicht alle Zauberer gut sind. Um Schüler auf Gefahren vorzubereiten, unterrichtet Hogwarts Verteidigung gegen die Dunklen Künste. Während Harrys Schulzeit hat er mehrere Lehrer in diesem Fach. Sie halten es irgendwie nie länger als ein Jahr in dem Job aus!

LORD VOLDEMORT

Der stärkste Dunkle Zauberer,
Du weißt schon wer

L ord Voldemort ist der gefürchtetste Dunkle Zauberer aller Zeiten. Viele wollen nicht mal seinen Namen sagen. Man bezeichnet ihn als Er, dessen Name nicht genannt werden darf, oder Du weißt schon wer.

Er ist nicht ganz menschlich und hat bleiche Haut, orange Augen und schlangenhafte Züge. Er hat nichts mit dem vielversprechenden Slytherin-Schüler von einst gemeinsam, als er noch Tom Marvolo Riddle hieß.

Die Minifigur, deren Name nicht genannt werden darf, trägt einfache grüne Kleidung – zur Weltherrschaft bestens geeignet. Seine treue Schlange Nagini ist immer dabei. Sie ist mehr als nur ein Haustier – in ihr steckt ein Teil von Voldemorts Seele!

Haus: Slytherin **Tierbegleiter:** Schlange Nagini **Talent:** Parselmund
LEGO Set: LEGO® Minifiguren (71022)

DIE UNHEIMLICHEN DEMENTOREN

Finstere Wesen, die das Gefängnis von Askaban bewachen

D ie kapuzenbewehrten Dementoren sind schreckliche Wesen. Sie ernähren sich von Freude und entziehen ihren Opfern sämtliche Hoffnung. Am schlimmsten aber ist der Kuss der Dementoren, bei dem sie einem die Seele aussaugen.

Zu Beginn von Harrys drittem Schuljahr suchen Dementoren im Zug einen entflohenen Gefangenen, daher enthält das Hogwarts Express Set einen Dementor. LEGO® Dementoren sind wie Minifiguren, aber anstelle von Beinen sieht ihr Unterleib aus, als würde er sich in Rauch auflösen. Ihr Oberkörper ist mit Rippen bedruckt, und sie tragen zerfledderte Mäntel. Ihre Köpfe haben keine Augen, aber Münder – gespitzt zum Dementoren-Kuss. Um sie zu besiegen, denk die glücklichsten Gedanken, die dir einfallen!

LEGO Set: Hogwarts™ Express (75955)

MAD-EYE MOODY

Ein schroffer Auror mit einem magischen Auge

*A*lastor Moody stammt aus einer Reihe von Auroren – offiziellen Sicherheitskräften der magischen Welt. Er wurde bei der Abwehr der Dunklen Künste mehrmals verletzt. Jetzt stapft er mit einem falschen Bein und einem rollenden magischen Auge herum, von dem sein Spitzname „Mad-Eye" rührt.

Mad-Eye Moodys Minifigur hält nach Dunklen Künsten Ausschau. Sein magisches Auge, das am vernarbten Gesicht befestigt ist, sieht in alle Richtungen. Es blickt sogar durch Gegenstände hindurch, wie etwa die Rückseite seines Kopfes! Moody hält seinen Stock und seinen Zauberstab bereit für den Fall, dass plötzlich Dunkle Zauberer auftauchen.

Bestes Talent: Duellieren **Eigenschaften:** Wachsamkeit, Mut und Entschlossenheit **LEGO Set:** LEGO® Minifiguren (71022)

PROFESSOR LUPIN

Ein **netter Lehrer** mit Geheimnis, der **gegen das Böse** antritt

Da er als Kind von einem Werwolf gebissen wurde, wuchs Remus Lupin mit einem furchtbaren Geheimnis auf. Bei Vollmond verwandelt er sich in ein unkontrollierbares Monster. Zum Glück hat Lupin Freunde, die ihm helfen, seinen Zustand zu verbergen. Viele in der magischen Welt trauen Werwölfen nicht, aber das stört Lupin nicht.

Harry Potter begegnet dem freundlichen Lehrer zum ersten Mal im Hogwarts Express, daher findet man Lupins Minifigur in diesem Set. Er schützt Harry und seine Freunde vor einem Dementor, der im Zug einen entflohenen Gefangenen sucht. Lupin zieht ungern Aufmerksamkeit auf sich, darum trägt seine Minifigur unauffälliges Beige und Grau. Sein Gesicht ist mit Bartstoppeln, Schnurrbart und Narben bedruckt.

Haus: Gryffindor **Fach:** Verteidigung gegen die Dunklen Künste
Lieblingsspeise: Schokolade **LEGO Set:** Hogwarts™ Express (75955)

DOLORES UMBRIDGE

Eine **düstere** Ministeriumsbeamtin, die **Hogwarts leiten will**

Lass dich vom harmlosen Auftreten dieser Minifigur nicht täuschen. In ihrem pinken Rüschenoutfit wirkt sie ganz nett, aber sie ist eine gefährliche Hexe. Die andere Seite ihres Gesichts enthüllt eine gnadenlose Miene! Dolores Umbridge kommt aus dem Zaubereiministerium nach Hogwarts und erweist sich als strenge Lehrerin in Verteidigung gegen die Dunklen Künste. Sie wird später sogar Schulleiterin und genießt es, Regeln aufzustellen, und bestraft Schüler einfach so.

Umbridges Minifigur ist ganz in Pink gekleidet, von ihrem Tweed-Kleid bis hin zu ihren Schuhen mit Absätzen. Ihr Haarelement ist perfekt frisiert und an ihrer Weste steckt ein süßer Katzen-Anstecker. Sie sammelt gern Niedliches, etwa die hübsche Teetasse in ihrer Hand.

Haus: Slytherin **Fach:** Verteidigung gegen die Dunklen Künste
Patronus: Katze **LEGO Set:** LEGO® Harry Potter™ Bricktober
Minifiguren (5005254)

PROFESSOR QUIRRELL

Ein **nervöser** Professor, der **nicht ganz das ist**, was er zu sein scheint

Quirinus Quirrell weiß viel über Verteidigung gegen die Dunklen Künste, setzt es aber nicht ganz so gut in die Praxis um. Der intelligente Professor ist schüchtern, zittrig und gerät leicht in die Defensive.

Quirrell ist in Harrys erstem Schuljahr der Lehrer in Verteidigung gegen die Dunklen Künste. Quirrells Minifigur hat einen lila Turban, dessen Enden um die Schultern liegen. Der Turban ist eine spezielle LEGO Form und der lila Stoff ist auf seinen Anzug gedruckt. Unter dem Turban verbirgt Quirrell einen doppelseitigen Kopfdruck. Sein anderes Gesicht wirkt verdächtig wie das eines gewissen bösen Zauberers, dessen Name nicht genannt werden darf.

Haus: Ravenclaw **Fach:** Verteidigung gegen die Dunklen Künste
Talent: Geheimnisse wahren **LEGO Set:** Die große Halle von Hogwarts™ (75954)

NEVILLES IRRWICHT

Ein Zauberwesen mit dem Aussehen
deiner größten Angst

Bei Verteidigung gegen die Dunklen Künste findet man alle möglichen seltsamen Wesen im Klassenzimmer. Ein Irrwicht verwandelt sich in die größte Angst desjenigen, der vor ihm steht. Dieser LEGO Irrwicht ähnelt Neville Longbottoms tiefster Furcht: Professor Snape!

Um einen Irrwicht abzuwehren, muss man ihm seine Macht nehmen. Der Zauber *Riddikulus!* wirkt im Zusammenspiel mit Gelächter. Das lässt den Irrwicht dumm dastehen – wenn man sich etwa Rollschuhe an einer Acromantula vorstellt oder Professor Snape in den Kleidern von Nevilles Großmutter.

Darum trägt dieser snape-artige Irrwicht Mrs. Longbottoms Kleider: einen schwarzen Hut, eine große, rote Handtasche und eine Fuchs-Stola. Snape – oder vielleicht der Irrwicht – wirkt nicht begeistert.

LEGO Set: LEGO® Harry Potter™ Bricktober Minifiguren (5005254)

DER SCHRECKLICHE BASILISK

Unter Hogwarts lauert eine riesige
Schlange mit gefährlichem Blick.

Schau einem Basilisken nie in die Augen. Sein Blick beseitigt jeden. Sieht man dagegen eine Reflektion von ihm in einer Pfütze oder einem Spiegel oder sogar durch eine Kamera oder einen Geist, dann versteinert diese Kreatur ihre Opfer nur.

Der König der Schlangen lebt in der Kammer des Schreckens – einem Raum von Hogwarts, der sich in Harrys zweitem Schuljahr öffnet. Die Riesenschlange ist länger als vier LEGO Minifiguren und in ihrem Klappkiefer hat locker eine Minifigur Platz. Das gehörnte Reptil besteht aus vier beweglichen Kugelgelenken. Hier stellt es sich auf seinen breiten Schwanz, bereit zum Zuschlagen. Ist der Basilisk besiegt, lassen sich seine Fangzähne leicht abnehmen. Aber pass auf, in Basiliskenzähnen steckt Gift!

Kräfte: Gefährlicher Blick **Kontrolliert von:** Salazar Slytherin und seinen Nachfahren, z. B. Tom Riddle **LEGO Set:** Die große Halle von Hogwarts™ (75954)

MAGISCHE WESEN

In und um Hogwarts gibt es reihenweise magische Wesen. Einige sind tolle Tierbegleiter. Andere stellen besondere Magie her – wie die heilenden Phönixtränen. Manche sind nützlich wie Hauselfen oder Eulen, die die Post bringen. Anderen wie der achtbeinigen Riesenspinne Aragog geht man lieber aus dem Weg.

FAWKES
DER PHÖNIX

Dumbledores **treuer Phönix** mit einem **endlosen** Lebenszyklus

*F*awkes der Phönix hat besondere Kräfte. Ist sein Lebenszyklus zu Ende, geht er in Flammen auf und wird aus der Asche als Küken wiedergeboren. Dieses Ereignis nennt man Brandtag. In *Harry Potter und die Kammer des Schreckens* ist Harry schockiert, als er das zum ersten Mal sieht!

Fawkes ist seinem Herrn, Professor Dumbledore, treu. Er lebt in Dumbledores Büro und hilft oft jenen, die magische Hilfe brauchen. Seine Federn sind rot und golden, genau wie die Farben von Dumbledores Haus Gryffindor.

Obwohl er klein ist, kann ein Phönix enorme Lasten tragen. Im Set Die große Halle von Hogwarts hat Fawkes ein Klemmen-Element als Krallen, sodass man ihn an Stangen oder Halter stecken kann. Er ist um einen 1×1-Stein mit Noppen an allen Seiten aufgebaut. Die orangen Flügel sind ein neues Element speziell für Fawkes. Ein rotes Horn-Element steckt als Feder auf seinem Kopf.

Art: Phönix **Kräfte:** Heilende Tränen, Lastenträger, Wiedergeburt
LEGO Set: Die große Halle von Hogwarts™ (75954)

MAGISCHE BEGLEITER

Hogwarts-Schüler dürfen an der Schule **Tiere** halten.

Im Sommer, bevor Harry in Hogwarts anfängt, besorgt ihm Hagrid ein besonderes Geschenk: eine Schnee-Eule namens Hedwig. Harrys treue Begleiterin hat graue Federverzierungen und gelb-schwarze Augen. In der LEGO® Minifiguren Serie sitzt sie auf Harrys Hand.

Eine alte Ratte mit einem haarlosen Fleck am Kopf entspricht nicht gerade Rons Vorstellung von einem Haustier – aber er liebt Krätze trotzdem. Krätze begleitete vorher Rons älteren Bruder Percy und lebt schon seit Jahren in der Weasley-Familie.

Hermines großer roter Kater Krummbein ist klug und aufmerksam – genau wie seine Besitzerin. Er findet, an Krätze ist was komisch. Wenn Krummbein nur sprechen könnte!

LEGO Set: LEGO® Minifiguren (71022)

DOBBY
DER HAUSELF

Der hart arbeitende, bescheidene Hauself ist jetzt ein freier Elf!

Der fledermausohrige Dobby ist ein Hauself, der im Dienste der Familie Malfoy hart arbeitet. Seine grausamen Herren machen ihm das Leben schwer.

Dobbys Minifigur hat gerade die Freiheit erlangt – Harry Potter sei Dank. Harry hat Lucius Malfoy dazu gebracht, Dobby eine in Tom Riddles Tagebuch versteckte Socke zu überreichen. In der magischen Welt ist ein Hauself frei, wenn sein Meister ihm Kleidung schenkt. Die LEGO Sockenkachel passt perfekt in das schwarze Buch. Dobby trägt einen schmutzigen Kissenbezug. Als freier Elf bekommt er ordentliche Kleider und ist besonders begeistert von Socken!

Dobby bleibt ein treuer Freund und magischer Helfer von Harry, den er immer mit komplettem Namen anspricht und meistens noch ein respektvolles „Sir" hinzufügt.

Magische Fähigkeiten: kann Magie ohne Zauberstab wirken
LEGO Set: LEGO® Minifiguren (71022)

ARAGOG DIE ACROMANTULA

Eine **fleischfressende, sprechende** Riesenspinne

Tief im Verbotenen Wald haust Aragog. Er gehört zur magischen Riesenspinnenart namens Acromantula. Aragog ist Hagrid freundlich gesonnen, aber alle anderen Menschen sind für ihn eine leckere Mahlzeit.

Im Set Aragogs Versteck stolpern Harry und Ron in das Spinnennest. Nun stehen sie mit einer Laterne und einer Fackel vor Aragog mit seinen starrenden Augen und beweglichen Fangzähnen. Nicht nur denen sollten Harry und Ron aus dem Weg gehen, sondern auch auf diesen Baum achten – er schleudert LEGO Spinnennetze auf sie!

Aragogs Spinnenbrut wuselt überall herum. Das ist nicht gerade toll für Rons Spinnenphobie, wie seinem entsetzten Minifiguren-Gesicht zu entnehmen ist!

Geburtsort: fernes Land **Speiseplan:** Fleisch, gerne menschlich
Anzahl der Fangzähne: 4 **LEGO Set:** Aragogs Versteck (75950)

REGISTER

Dorling Kindersley dankt Randi K. Sørensen, Heidi K. Jensen, Paul Hansford und Martin Leighton Lindhard von der LEGO Group, Victoria Selover und Katie Campbell von Warner Bros. Consumer Products, Helen Peters für das Register und Nicole Reynolds für die redaktionelle Unterstützung.

Lektorat Rosie Peet, Emma Grange, Megan Douglass, Paula Regan, Julie Ferris, Simon Beecroft
Gestaltung und Bildredaktion Lisa Robb, James McKeag, Jo Connor, Lisa Lanzarini
Herstellung Jennifer Murray, Louise Daly

Für die deutsche Ausgabe:
Programmleitung Monika Schlitzer
Projektbetreuung Christian Noß
Herstellungsleitung Dorothee Whittaker
Herstellungskoordination Bettina Bähnsch
Herstellung Evely Xie

Titel der englischen Originalausgabe:
LEGO Harry Potter The Magical Guide to the Wizarding World

© Dorling Kindersley Limited, London, 2019
Ein Unternehmen der Penguin Random House Group
Alle Rechte vorbehalten
Seitengestaltung © 2019 Dorling Kindersley Limited

© der deutschsprachigen Ausgabe by
Dorling Kindersley Verlag GmbH, München, 2019
Alle deutschsprachigen Rechte vorbehalten

Jegliche – auch auszugsweise – Verwertung, Wiedergabe, Vervielfältigung oder Speicherung, ob elektronisch, mechanisch, durch Fotokopie oder Aufzeichnung, bedarf der vorherigen schriftlichen Genehmigung durch den Verlag.

Text Elizabeth Dowsett, Julia March und Rosie Peet
Übersetzung Simone Heller
Lektorat Solveig Schmittge

ISBN 978-3-8310-3873-2

Druck und Bindung Leo Paper Products, China

www.dorlingkindersley.de